AF199053

Impressum
Verlag: BABADADA GmbH, Nedderfeld 112 , 22529 Hamburg
Geschäftsführer / Verlagsleitung: Harald Hof
Druck: Books on Demand GmbH, In de Tarpen 42, 22848 Norderstedt

Imprint
Publisher: BABADADA GmbH, Nedderfeld 112 , 22529 Hamburg, Germany
Managing Director / Publishing direction: Harald Hof
Print: Books on Demand GmbH, In de Tarpen 42, 22848 Norderstedt

classroom
aula

divide
dividir

186/2

school yard
patio de escuela

board
mesa

teacher
docente

paper
papel

write
escribir

pen
bolígrafo

desk
escritorio

ruler
regla

book
libro

pupil
alumno

satchel

mochila escolar

pencil case

caja de lápices

pencil

lápiz

pencil sharpener

sacapuntas

rubber

goma de borrar

drawing pad

bloc de dibujo

drawing

dibujo

paintbrush

pincel

paint box

caja de pinturas

scissors

tijera

glue

pegamento

exercise book

libro de ejercicios

homework

tarea

number

número

add

sumar

subtract

restar

multiply

multiplicar

calculate

calcular

letter

letra

alphabet

alfabeto

word

palabra

text
texto

read
leer

chalk
tiza

lesson
lección

register
libro de clase

exam
examen

certificate
certificado

school uniform
uniforme escolar

education
educación

encyclopedia
enciclopedia

university
universidad

microscope
microscopio

map
mapa

waste-paper basket
cesto de papeles

hotel
hotel

hostel
albergue

bureau de change
casa de cambio

car
auto

language
idioma

yes / no
sí / no

Okay
ok

hello
hola

translator
intérprete

Thank you
gracias

how much is...?

¿Cuánto cuesta...?

I do not understand

No entiendo

problem

problema

Good evening!

¡Buenas tardes!

Good morning!

¡Buenos días!

Good night!

¡Buenas noches!

bye bye

adiós

direction

dirección

luggage

equipaje

bag

bolso

backpack

mochila

guest

invitado

room

cuarto

sleeping bag

saco de dormir

tent

tienda de campaña

tourist information

información al turista

beach

playa

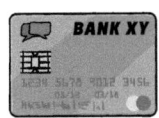

credit card

tarjeta de crédito

breakfast

desayuno

lunch

almuerzo

dinner

cena

ticket

pasaje

lift

ascensor

stamp

sello

border

límite

customs

aduana

embassy

embajada

visa

visa

passport

pasaporte

travel - viaje

aeroplane
avión

ship
barco

fire engine
coche de bomberos

truck
camión

bus
bus

motorboat
lancha a motor

car
auto

bike
bicicleta

ferry

balsa

boat

lancha

motorbike

motocicleta

police car

auto de policía

racing car

auto de carreras

rental car

auto de alquiler

car sharing

alquiler de autos

breakdown truck

grúa

refuse truck

vehículo recolector de basura

motor

motor

fuel

gasolina

petrol station

gasolinera

traffic sign

señal de tráfico

traffic

tránsito

traffic jam

atasco

car park

estacionamiento

train station

estación de tren

tracks

carril

train

tren

tram

tranvía

carriage

vagón

helicopter

helicóptero

airport

aeropuerto

tower

torre

passenger

pasajero

container

contenedor

carton

caja de cartón

cart

carro

basket

cesta

take off / land

despegar / aterrizar

city

ciudad

village

aldea

city centre

centro de la ciudad

house

casa

cinema
cine

advert
publicidad

street lamp
farol

CINEMA

street
calle

taxi
taxi

snack shop
kiosco

pedestrian
peatón

pavement
acera

zebra crossing
paso de cebra

bin
cubo de la basura

crossing
cruce

traffic lights
semáforo

hut
cabaña

flat
apartamento

train station
estación de tren

town hall
ayuntamiento

museum
museo

school
escuela

city - ciudad

university

universidad

bank

banco

hospital

hospital

hotel

hotel

pharmacy

farmacia

office

oficina

book shop

librería

shop

negocio

florist's

florería

supermarket

supermercado

market

mercado

department store

grandes almacenes

fishmonger's

pescadería

shopping centre

centro comercial

harbour

puerto

park

parque

bench

banco

bridge

puente

stairs

escalera

underground

metro

tunnel

túnel

bus stop

parada de autobuses

bar

bar

restaurant

restaurante

postbox

buzón de correo

street sign

letrero

parking meter

parquímetro

zoo

zoológico

swimming pool

piscina

mosque

mezquita

farm
granja

pollution
polución

graveyard
cementerio

church
iglesia

playground
parque infantil

temple
templo

landscape

paisaje

signpost
indicador de camino

way
sendero

meadow
pradera

stone
piedra

hiker
caminante

tree
árbol

river
río

grass
pasto

flower
flor

valley
valle

hill
montaña

lake
lago

forest
bosque

desert
desierto

volcano
volcán

castle
castillo

rainbow
arco iris

mushroom
seta

palm tree
palmera

mosquito
mosquito

fly
mosca

ant
hormiga

bee
abeja

spider
araña

landscape - paisaje

beetle

escarabajo

frog

rana

squirrel

ardilla

hedgehog

erizo

hare

liebre

owl

lechuza

bird

pájaro

swan

cisne

boar

jabalí

deer

ciervo

moose

alce

dam

embalse

wind turbine

aerogenerador

solar panel

módulo solar

climate

clima

waiter
camarero

menu
carta del menú

chair
silla

soup
sopa

pizza
pizza

tablecloth
mantel

cutlery
cubiertos

starter
entrada

main course
plato principal

dessert
postre

drinks
bebida

food
comida

bottle
botella

fast food

comida rápida

street food

comida callejera

teapot

tetera

sugar bowl

azucarera

portion

porción

espresso machine

máquina de espresso

high chair

silla alta

bill

factura

tray

bandeja

knife

cuchillo

fork

tenedor

spoon

cuchara

teaspoon

cuchara de té

serviette

servilleta

glass

vaso

restaurant - restaurante

plate

plato

soup plate

plato de sopa

saucer

platillo

sauce

salsa

salt pot

salero

pepper mill

molinillo para pimienta

vinegar

vinagre

oil

aceite

spices

especias

ketchup

ketchup

mustard

mostaza

mayonnaise

mayonesa

special offer
oferta

customer
cliente

dairy
productos lácteos

fruit
fruta

trolley
carrito de compras

butcher's
carnicería

baker's
panadería

weigh
pesar

vegetables
verdura

meat
carne

frozen food
alimentos congelados

cold meat

fiambre

tinned food

conservas

washing powder

detergente en polvo

sweets

dulces

household products

artículos domésticos

cleaning products

productos de limpieza

salesperson

vendedora

till

caja

cashier

cajero

shopping list

lista de compras

opening hours

horario de atención

wallet

cartera

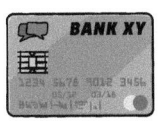

credit card

tarjeta de crédito

bag

maleta

plastic bag

bolsa plástica

water

agua

juice

jugo

milk

leche

coke

refresco de cola

wine

vino

beer

cerveza

alcohol

alcohol

cocoa

cacao

tea

té

coffee

café

espresso

espresso

cappuccino

cappuccino

banana

banana

apple

manzana

orange

naranja

melon

sandía

lemon

limón

carrot

zanahoria

garlic

ajo

bamboo

bambú

onion

cebolla

mushroom

seta

nuts

nueces

noodles

fideos

spaghetti

espagueti

rice

arroz

salad

ensalada

chips

patatas fritas

fried potatoes

patatas salteadas

pizza

pizza

hamburger

hamburguesa

sandwich

sándwich

cutlet

escalope

ham

jamón

salami

salame

sausage

embutido

chicken

pollo

roast

asado

fish

pescado

porridge oats

copos de avena

muesli

musli

cornflakes

copos de maíz tostado

flour

harina

croissant

croissant

bread roll

panecillo

bread

pan

toast

tostada

biscuits

galletas

butter

mantequilla

curd

cuajada

cake

pastel

egg

huevo

fried egg

huevo frito

cheese

queso

ice cream

helado

sugar

azúcar

honey

miel

jam

mermelada

chocolate spread

praliné

curry

curry

goat

cabra

cow

vaca

calf

ternero

pig

cerdo

piglet

lechón

bull

toro

goose

ganso

duck

pato

chick

polluelo

hen

pollo

cock

gallo

rat

rata

cat

gato

mouse

ratón

ox

buey

dog

perro

doghouse

caseta del perro

garden hose

manguera de riego

watering can

regadera

scythe

guadaña

plough

arado

sickle

hoz

hoe

azada

pitchfork

bieldo

axe

hacha

wheelbarrow

carretilla

trough

abrevadero

milk can

lechera

sack

saco

fence

cerca

stable

establo

greenhouse

invernadero

soil

suelo

seed

semilla

fertilizer

fertilizante

combine harvester

cosechadora

harvest

cosechar

harvest

cosecha

yams

raíz de ñame

wheat

trigo

soy

soja

potato

patata

corn

maíz

rapeseed

colza

fruit tree

Árbol frutal

cassava

mandioca

cereals

cereales

living room

cuarto de estar

bathroom

cuarto de baño

kitchen

cocina

bedroom

dormitorio

child's room

cuarto de los niños

dining room

comedor

floor

piso

wall

pared

ceiling

cielorraso

cellar

sótano

sauna

sauna

balcony

balcón

terrace

terraza

pool

piscina

lawn mower

cortacésped

sheet

funda nórdica

bedspread

edredón

bed

cama

broom

escoba

bucket

cubo

switch

interruptor

carpet

alfombra

curtain

cortina

table

mesa

chair

silla

rocking chair

mecedora

armchair

sillón

book

libro

blanket

frazada

decoration

decoración

firewood

leña

film

film

hi-fi equipment

equipo estereofónico

key

llave

newspaper

periódico

painting

cuadro

poster

póster

radio

radio

notepad

bloc de notas

hoover

aspiradora

cactus

cactus

candle

vela

fridge
nevera

microwave oven
horno microondas

kitchen scales
balanza de cocina

toaster
tostador

detergent
detergente

oven
horno

freezer
congelador

dishwasher
lavaplatos

cooker
cocina

pot
olla

cast-iron pot
olla de fundición de hierro

wok / kadai
wok / kadai

pan
sartén

kettle
hervidor de agua

steamer

olla de vapor

baking tray

bandeja de horno

crockery

vajilla

mug

vaso

bowl

bol

chopsticks

palillos para comer

ladle

cucharón de sopa

spatula

espátula

whisk

batidor

strainer

colador

sieve

cedazo

grater

rallador

mortar

mortero

barbecue

parrillada

open fire

fogata

chopping board

tabla de picar

rolling pin

rodillo

corkscrew

sacacorchos

can

lata

can opener

abrelatas

pot holder

agarrador

sink

fregadero

brush

cepillo

sponge

esponja

blender

batidora

deep freezer

arcón congelador

baby bottle

biberón

tap

grifo

heating
calefacción

shower
ducha

towel
toalla

shower curtain
cortina para ducha

bubble bath
baño de espuma

bathtub
bañera

glass
vaso

washing machine
lavadora

tap
grifo

tiles
baldosa

potty
orinal

sink
fregadero

toilet

cuarto de baño

squat toilet

placa turca

bidet

bidé

urinal

urinario

toilet paper

papel higiénico

toilet brush

escobilla para el cuarto de baño

toothbrush

cepillo de dientes

toothpaste

pasta dentífrica

dental floss

seda dental

wash

lavar

handheld shower

ducha teléfono

douche

ducha higiénica

basin

cuenco

back brush

cepillo para la espalda

soap

jabón

shower gel

gel de ducha

shampoo

champú

flannel

manopla para baño

drain

desagüe

cream

crema

deodorant

desodorante

mirror

espejo

hand mirror

espejo de maquillaje

razor

máquina de afeitar

shaving foam

espuma de afeitar

aftershave

loción para después del afeitado

comb

peine

brush

cepillo

hair dryer

secador para cabello

hairspray

laca de peinado

makeup

maquillaje

lipstick

lápiz labial

nail varnish

laca para uñas

cotton wool

algodón

nail scissors

tijera para uñas

perfume

perfume

washbag

neceser

stool

taburete

weighing scale

balanza

bathrobe

bata de baño

rubber gloves

guantes de goma

tampon

tampón

sanitary towel

compresa

chemical toilet

wáter químico

alarm clock
despertador

cuddly toy
animal de peluche

toy car
auto de juguete

rattle
sonajero

doll's house
casa de muñecas

present
obsequio

balloon
globo

bed
cama

pram
cochecito para niños

deck of cards
juego de barajas

jigsaw
rompecabezas

comic
cómic

lego bricks

piezas de Lego

building blocks

bloques para jugar

action figure

figura de acción

babygrow

pijama de una pieza

frisbee

frisbee

mobile

móvil

board game

juego de mesa

dice

dado

model train set

tren eléctrico a escala

dummy

chupete

party

fiesta

picture book

libro de dibujos

ball

pelota

doll

títere

play

jugar

sandpit

arenero

swing

columpio

toys

juguetes

video game console

consola de videojuego

tricycle

triciclo

teddy bear

osito de peluche

wardrobe

guardarropa

clothing

vestimenta

socks

calcetines

stockings

medias

tights

panti

scarf
chal

belt
cinturón

umbrella
paraguas

t-shirt
camiseta

boots
botas

slippers
zapatilla

trainers
deportivas

sandals
sandalias

shoes
zapatos

rubber boots
botas de goma

underpants
ropa interior

bra
corpiño

vest
camiseta

body

body

trousers

pantalón

jeans

jeans

skirt

falda

blouse

blusa

shirt

camisa

pullover

pullover

hoodie

sweater

blazer

blazer

jacket

chaqueta

coat

abrigo

raincoat

impermeable

costume

traje chaqueta

dress

vestido

wedding dress

vestido de bodas

suit

traje

nightgown

camisón

pyjamas

pijama

sari

sari

headscarf

pañuelo de cabeza

turban

turbante

burqa

burka

kaftan

caftán

abaya

abaya

swimsuit

traje de baño

trunks

bañador

shorts

shorts

tracksuit

chándal

apron

delantal

gloves

guante

button
botón

glasses
gafa

bracelet
brazalete

necklace
cadena

ring
anillo

earring
aro

cap
gorra

coat hanger
percha

hat
sombrero

tie
corbata

zip
cierre a cremallera

helmet
casco

braces
tiradores

school uniform
uniforme escolar

uniform
uniforme

bib

babero

dummy

chupete

nappy

pañal

server
servidor

filing cabinet
archivador

printer
impresora

monitor
monitor

paper
papel

desk
escritorio

mouse
ratón

folder
carpeta

keyboard
teclado

chair
silla

waste-paper basket
cesto de papeles

computer
ordenador

coffee mug

taza de café

calculator

calculadora

internet

internet

laptop

laptop

letter

carta

message

mensaje

mobile

teléfono móvil

network

red

photocopier

fotocopiadora

software

software

telephone

teléfono

plug socket

tomacorriente

fax machine

máquina de fax

form

formulario

document

documento

buy

comprar

pay

pagar

trade

comerciar

money

dinero

dollar

dólar

euro

euro

yen

yen

rouble

rublo

Swiss franc

franco

renminbi yuan

renminbi

rupee

rupia

cashpoint

cajero automático

bureau de change

casa de cambio

gold

oro

silver

plata

oil

petróleo

energy

energía

price

precio

contract

contrato

tax

impuesto

stock

acción

work

trabajar

employee

empleado

employer

empleador

factory

fábrica

shop

negocio

police officer
policía

fireman
bombero

cook
cocinero

doctor
médico

pilot
piloto

gardener
jardinero

carpenter
carpintero

seamstress
costurera

judge
juez

chemist
químico

actor
actor

bus driver

conductor de autobús

taxi driver

taxista

fisherman

pescador

cleaning lady

mujer de la limpieza

roofer

techista

waiter

camarero

hunter

cazador

painter

pintor

baker

panadero

electrician

electricista

builder

albañil

engineer

ingeniero

butcher

carnicero

plumber

fontanero

postman

cartero

occupations - ocupaciones

soldier
soldado

architect
arquitecto

cashier
cajero

florist
florista

hairdresser
peluquero

conductor
cobrador

mechanic
mecánico

captain
capitán

dentist
odontólogo

scientist
científico

rabbi
rabino

imam
imam

monk
monje

clergyman
párroco

occupations - ocupaciones

55

hammer
martillo

pliers
tenazas

screwdriver
destornillador

spanner
llave de tuercas

torch
lámpara de mesa

digger

excavadora

toolbox

caja de herramientas

ladder

escalerilla

saw

serrucho

nails

clavos

drill

taladro

repair
reparar

shovel
pala

Damn!
¡Maldición!

dustpan
recogedor

paint pot
lata de pintura

screws
tornillos

musical instruments
instrumentos musicales

loudspeaker
altavoz

drum kit
batería

guitar
guitarra

double bass
contrabajo

trumpet
trompeta

piano

piano

violin

violín

bass

bajo

timpani

timbales

drums

tambor

keyboard

teclado

saxophone

saxofón

flute

flauta

microphone

micrófono

entrance
entrada

tiger
tigre

cage
jaula

zebra
cebra

animal feed
comida para animales

panda
panda

animals
animales

elephant
elefante

kangaroo
canguro

rhino
rinoceronte

gorilla
gorila

bear
oso

camel

camello

ostrich

avestruz

lion

león

monkey

mono

flamingo

flamengo

parrot

papagayo

polar bear

oso polar

penguin

pingüino

shark

tiburón

peacock

pavo real

snake

serpiente

crocodile

cocodrilo

zookeeper

cuidador del zoológico

seal

foca

jaguar

jaguar

zoo - zoológico

pony
pony

leopard
leopardo

hippo
hipopótamo

giraffe
jirafa

eagle
águila

boar
jabalí

fish
pescado

turtle
tortuga

walrus
morsa

fox
zorro

gazelle
gacela

American football
fútbol americano

cycling
ciclismo

tennis
tenis

basketball
baloncesto

swimming
natación

boxing
boxeo

ice hockey
hockey sobre hielo

football
fútbol

badminton
badminton

athletics
atletismo

handball
balonmano

skiing
esquí

polo
polo

jump
saltar

laugh
reír

hug
abrazar

sing
cantar

walk
caminar

pray
rezar

kiss
besar

dream
soñar

write
escribir

draw
dibujar

show
mostrar

push
presionar

give
dar

take
tomar

have
tener

do
hacer

be
ser

stand
estar de pie

run
correr

pull
tirar

throw
arrojar

fall
caer

lie
estar acostado

wait
esperar

carry
llevar

sit
estar sentado

get dressed
vestirse

sleep
dormir

wake up
despertar

look at

mirar

cry

llorar

stroke

acariciar

comb

peinarse

talk

conversar

understand

entender

ask

preguntar

listen

oír

drink

beber

eat

comer

tidy up

asear

love

amar

cook

cocinar

drive

conducir

fly

volar

sail

navegar

calculate

calcular

read

leer

learn

aprender

work

trabajar

marry

casarse

sew

coser

brush teeth

limpiarse los dientes

kill

matar

smoke

fumar

send

enviar

grandmother
abuela

grandfather
abuelo

father
padre

mother
madre

baby
bebé

daughter
hija

son
hijo

guest

invitado

aunt

tía

uncle

tío

brother

hermano

sister

hermana

body

cuerpo

forehead
frente

eye
ojo

shoulder
hombro

finger
dedo

face
cara

chin
barbilla

hand
mano

breast
pecho

leg
pierna

arm
brazo

baby
·············
bebé

man
·············
hombre

woman
·············
mujer

girl
·············
muchacha

boy
·············
joven

head
·············
cabeza

back

espalda

belly

vientre

belly button

ombligo

toe

dedo del pie

heel

talón

bone

hueso

hip

cadera

knee

rodilla

elbow

codo

nose

nariz

bottom

trasero

skin

piel

cheek

mejilla

ear

oreja

lip

labio

body - cuerpo

mouth

boca

tooth

diente

tongue

lengua

brain

cerebro

heart

corazón

muscle

músculo

lung

pulmón

liver

hígado

stomach

estómago

kidneys

riñones

sex

relación sexual

condom

condón

ovum

Óvulo

semen

esperma

pregnancy

embarazo

body - cuerpo

menstruation

menstruación

vagina

vagina

penis

pene

eyebrow

ceja

hair

cabello

neck

cuello

hospital
hospital

ambulance
ambulancia

wheelchair
silla de ruedas

fracture
fractura

doctor

médico

emergency room

admisión de urgencia

nurse

enfermera

emergency

emergencia

unconscious

inconsciente

pain

dolor

injury

lesión

bleeding

hemorragia

heart attack

infarto de miocardio

stroke

apoplejía cerebral

allergy

alergia

cough

tos

fever

fiebre

flu

gripe

diarrhoea

diarrea

headache

dolor de cabeza

cancer

cáncer

diabetes

diabetes

surgeon

cirujano

scalpel

escalpelo

operation

operación

CT
TC

x-ray
rayos X

ultrasound
ultrasonido

face mask
máscara

disease
enfermedad

waiting room
sala de espera

crutch
muleta

plaster
emplasto

bandage
vendaje

injection
inyección

stethoscope
estetoscopio

stretcher
camilla

clinical thermometer
termómetro

birth
nacimiento

overweight
sobrepeso

hearing aid

audífono

disinfectant

desinfectante

infection

infección

virus

virus

HIV / AIDS

VIH / SIDA

medicine

medicina

vaccination

vacunación

tablets

comprimido

pill

píldora anticonceptiva

emergency call

llamada de emergencia

blood pressure monitor

medidor de presión arterial

ill / healthy

enfermo / saludable

Help!

¡Ayuda!

alarm

alarma

assault

asalto

attack

ataque

danger

peligro

emergency exit

salida de emergencia

Fire!

¡Fuego!

fire extinguisher

extintor

accident

accidente

first-aid kit

kit de primeros auxilios

SOS

SOS

police

Policía

Europe

Europa

North America

América del Norte

South America

América del Sur

Africa

África

Asia

Asia

Australia

Australia

Atlantic

Atlántico

Pacific

Pacífico

Indian Ocean

Océano Índico

Antarctic Ocean

Océano Antártico

Arctic Ocean

Océano Ártico

North Pole

Polo Norte

South Pole

Polo Sur

Antarctica

Antártida

Earth

Tierra

land

país

sea

mar

island

isla

nation

nación

state

Estado

clock face
....
cuadrante

hour hand
....
horario

minute hand
....
minutero

second hand
....
segundero

What time is it?
....
¿Qué hora es?

day
....
día

time
....
tiempo

now
....
ahora

digital watch
....
reloj digital

minute
....
minuto

hour
....
hora

Monday
lunes

Wednesday
miércoles

Friday
viernes

Saturday
sábado

Tuesday
martes

Thursday
jueves

Sunday
domingo

yesterday

ayer

today

hoy

tomorrow

mañana

morning

mañana

noon

mediodía

evening

tarde

business days

jornada de trabajo

weekend

fin de semana

rain
lluvia

snow
nieve

wind
viento

spring
primavera

autumn
otoño

summer
verano

winter
invierno

4.APRIL	11°	
5.APRIL	4°	
6.APRIL	13°	
7.APRIL	8°	
8.APRIL	10°	

weather forecast

pronóstico meteorológico

thermometer

termómetro

sunshine

luz solar

cloud

nube

fog

niebla

humidity

humedad ambiente

lightning

relámpago

thunder

trueno

storm

tormenta

hail

granizo

monsoon

monzón

flood

inundación

ice

hielo

January

enero

February

febrero

March

marzo

April

abril

May

mayo

June

junio

July

julio

August

agosto

September
....
septiembre

October
....
octubre

November
....
noviembre

December
....
diciembre

shapes
formas

circle
....
círculo

square
....
cuadrado

rectangle
....
rectángulo

triangle
....
triángulo

sphere
....
esfera

cube
....
cubo

white

blanco

yellow

amarillo

orange

anaranjado

pink

rosa

red

rojo

purple

lila

blue

azul

green

verde

brown

marrón

grey

gris

black

negro

a lot / a little

mucho / poco

angry / calm

enojado / calmado

beautiful / ugly

bonito / feo

beginning / end

comienzo / fin

big / small

grande / pequeño

bright / dark

claro / oscuro

brother / sister

hermano / hermana

clean / dirty

limpio / sucio

complete / incomplete

completo / incompleto

day / night

día / noche

dead / alive

muerto / vivo

wide / narrow

ancho / angosto

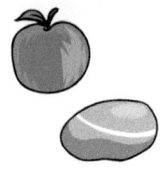

edible / inedible

disfrutable / no disfrutable

evil / kind

malo / amigable

excited / bored

excitado / aburrido

fat / thin

gordo / delgado

first / last

primero / último

friend / enemy

amigo / enemigo

full / empty

lleno / vacío

hard / soft

duro / suave

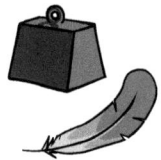

heavy / light

pesado / liviano

hunger / thirst

hambre / sed

ill / healthy

enfermo / saludable

illegal / legal

ilegal / legal

intelligent / stupid

inteligente / tonto

left / right

izquierda / derecha

near / far

cercano / lejano

new / used
nuevo / usado

nothing / something
nada / algo

old / young
viejo / joven

on / off
encendido / apagado

open / closed
abierto / cerrado

quiet / loud
bajo / fuerte

rich / poor
rico / pobre

right / wrong
correcto / incorrecto

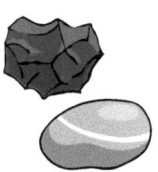

rough / smooth
áspero / liso

sad / happy
triste / alegre

short / long
breve / extenso

slow / fast
lento / veloz

wet / dry
mojado / seco

warm / cool
caliente / frío

war / peace
guerra / paz

numbers

números

0	**1**	**2**
zero	one	two
cero	uno	dos
3	**4**	**5**
three	four	five
tres	cuatro	cinco
6	**7**	**8**
six	seven	eight
seis	siete	ocho
9	**10**	**11**
nine	ten	eleven
nueve	diez	once

12

twelve

doce

13

thirteen

trece

14

fourteen

catorce

15

fifteen

quince

16

sixteen

dieciséis

17

seventeen

diecisiete

18

eighteen

dieciocho

19

nineteen

diecinueve

20

twenty

veinte

100

hundred

cien

1.000

thousand

mil

1.000.000

million

millón

languages
idiomas

English
....
inglés

American English
....
inglés estadounidense

Chinese Mandarin
....
chino mandarín

Hindi
....
hindi

Spanish
....
español

French
....
francés

Arabic
....
árabe

Russian
....
ruso

Portuguese
....
portugués

Bengali
....
bengalí

German
....
alemán

Japanese
....
japonés

I

yo

you

tú

he / she / it

él / ella

we

nosotros

you

vosotros

they

ellos

who?

¿quién?

what?

¿qué?

how?

¿cómo?

where?

¿dónde?

when?

¿cuándo?

name

nombre

behind

detrás

in

en

in front of

delante de

over

encima de

on

sobre

under

debajo de

beside

junto a

between

entre

place

lugar